Género Fábula

I0794898

Pregunta esencial

¿Cómo cambian los cuentos cuando los personajes son encarnados por animales?

Grandes aventuras de criaturas diminutas

Violeta Villalba
ilustrado por Liliana Wilson

Para comenzar...

Una pulga, un caracol y una hormiga se encontraron en una vereda después de haber vivido grandes aventuras. Aunque parecían no tener mucho en común, la naturaleza reunió a estas pequeñas criaturas en el momento perfecto para que pudieran compartir sus historias y aprender unos de otros.

Para comenzar deben olvidar cualquier prejuicio, solo de esta forma podrán aprender una noble lección. Que la pulga sea un parásito, es una pequeñez, tomemos su lado más simpático: es la criatura más saltarina. El caracol pudo haber hecho gritar a tu mamá: "¡Los caracoles se comieron las plantas y dejaron un rastro de baba!", pero solo es un animal herbívoro. Y, por último, no pises a las hormigas porque son muy fuertes y además tienen un gran corazón.

Capítulo 1

Pulga

Una tarde de verano, los tres animalitos se encontraron en la vereda. Todos habían vivido aventuras de las que habían aprendido muchas cosas. Después de hacer las presentaciones de rigor, decidieron compartir sus historias.

Pulga fue la primera en tomar la palabra. Ella era un insecto bastante singular: era muy saltarina y mientras hablaba con sus dos compañeros, ¡no podía quedarse quieta!

—Oye, Pulga, ¿no puedes quedarte en un solo lugar? —se quejó Caracol—, me mareo con tanto salto inquieto y repetitivo.

—Estoy de acuerdo con Caracol. Quédate quieta al menos mientras nos cuentas lo que te pasó —dijo Hormiga, sin dejar de seguir con sus ojos la trayectoria acelerada de Pulga.

—Bueno, bueno, no se enojen —respondió Pulga dando paso a su relato.

De vez en cuando una de sus articuladas patas temblaba y ella tenía que hacer un gran esfuerzo para domar su diminuta extremidad.

—Yo vivía plácidamente en Teo, un gato angora. Pero esto duró muy poco porque empezó a hacer de todo para deshacerse de mí. De repente, sentía sus ojos verdosos sobre mí y luego un montón de afiladísimos dientes y garras a mi alrededor. Se lamía, se rascaba y se mordía...

El reducido público se divertía muchísimo viendo cómo Pulga imitaba los movimientos del gato. La inquieta narradora también contó que pasaba los días brincando aquí y allá para esconderse del gato, pero pronto los escondrijos se agotaron.

—Yo quería tener un buen par de alas para volar y planear como un ave —continuó Pulga con entusiasmo—. Un día, por andar soñando, salí disparada hacia el infinito, pues no me percaté de que Teo y el perro del vecino estaban en medio de una pequeña batalla.

—Por andar en las nubes —murmuró Hormiga.

—¡Exacto! —contestó Pulga—. Así terminé sobre el perro, donde encontré muchas pulgas como yo, pero ellas… ¿cómo decirlo?… No hicimos buenas migas. Así que, de nuevo, estaba sin hogar, y todo volvía a comenzar. ¡Cómo deseaba unas alas!

—Pero, ¡tienes un montón de patas! —protestó Caracol.

Pulga asintió y, aunque se quedó unos segundos en silencio, retomó su discurso con más emoción. Contó que en una de sus correrías por la oreja del perro, pasó a la mano del dueño, quien acariciaba a su mascota en ese instante. Subió por el brazo a toda velocidad y se quedó allí, quietecita, en el cuello de su camisa.

—Con tanta agitación ¡estaba agotada!... —continuó Pulga—. Y, ¿a que no adivinan? Me dormí y soñé que volaba por encima de la cabeza de aquel humano, de su perro, del gato y de tooodo el mundo. Planeaba con unas alas gigantes, cuando... ¡pum!, comencé a caer en picado. Entonces, creí que me haría papilla, y desperté. Y, ¡claro!, ¡me estaba cayendo del humano!

Pulga les relató cómo había aterrizado en el asiento de un autobús. Una vez en esa superficie blanda, hizo lo que mejor sabía hacer, es más, lo único que la pondría a salvo: esconderse. De manera que, halló una hendidura al lado de una ventana, por donde podía divisar el paisaje.

—El paisaje empezó a cambiar —dijo Pulga—, los edificios y los carros se transformaban repentinamente en árboles y caballos. Ya estábamos en el campo, y yo no dejaba de pensar: "Si tan solo tuviera unas alas... No tienen que ser inmensas, pueden ser como las de un mosquito".

—¿Qué creen que pasó? —preguntó Pulga.

—De nuevo te pusiste en peligro por andar fantaseando —adivinó Caracol.

—Así es —dijo Pulga dando un brinco—. Un humano puso su codo sobre mí y casi me aplasta. De nuevo, logré escabullirme y me metí por la manga de su camisa. Al rato se bajó del autobús… y aquí estoy en el campo con ustedes.

Al terminar, Pulga reflexionó en cuál había sido la enseñanza de todas sus aventuras. Supo que ya no deseaba un par de alas, ahora agradecía a la naturaleza por sus tres pares de patas que, sin duda, la habían sacado más de una vez de los apuros en los que se había metido y le otorgaban el premio a la mejor acróbata en materia de saltos de todo el reino animal… Más aún, teniendo en cuenta su diminuto tamaño.

Capítulo 2

Caracol

Cuando llegó el momento del joven molusco, estiró su cuerpo recubierto de baba y sacó sus ojitos como preparándose para dar un discurso muy importante.

Comenzó a decirles a sus compañeros que vivía al otro lado de la vereda y que había llegado hasta allí con la intención de cambiar la mala actitud que lo caracterizaba, y que quería darle un vuelco a su vida y reflexionar sobre lo que le había sucedido.

—Supongo que te tomaste tu tiempo, ¿no? —no tardó Pulga en hacer una broma.

Pero ni Caracol ni Hormiga se rieron y ella entendió el mensaje de inmediato.

—Yo era un caracol malhumorado —dijo Caracol—, hacía mala cara todo el día, como si cargara un gran peso.

—¿Peso? Dímelo a mí —interrumpió orgullosa Hormiga—. Perdón, Caracol, continúa por favor.

—¿Por qué te sentías así? —quiso saber Pulga.

—Pues sencillamente porque creía que era muy lento en comparación con otros animales que veía correr, saltar y girar —respondió Caracol—. Ellos hacían muchas cosas que yo no podía hacer.

Caracol estaba a punto de continuar, pero se detuvo un momento porque se dio cuenta de que lo que le había pasado lo había hecho apreciar cada parte de sí mismo.

—No me gustaba mi carapacho —continuó Caracol—. De ahí que, ¡llegué al punto de desear que se despegara de mi cuerpo!

Tanto Pulga como Hormiga quedaron boquiabiertas... ¡No podían creerlo!, ¡un útil carapacho como ese! ¡Qué despropósito!

Caracol les contó que, cansado de que le hicieran bromas, ideó un plan: inventar un carrito para andar a toda velocidad. Los escarabajos formaron las cuatro ruedas con una mezcla de barro, pasto, madera y piedrecillas. Sobre estas, las hormigas instalaron un pedazo de madera y, para terminar, las arañas aseguraron las ruedas con sus fuertes hilos de seda. Un par de días después, el vehículo estaba listo para rodar a gran velocidad. El pequeño molusco prosiguió, y les contó que, inmediatamente después de que todo estuvo dispuesto, quiso probar su invención y retó a las hormigas a una carrera.

—Nunca había sentido tanta emoción —continuó Caracol—, pero ese día una tormenta se avecinaba. A pesar de las aterradoras nubes negras, no hicimos caso.

Detective del lenguaje	Identifica la función de las comas en el texto subrayado.

—¿Qué pasó? —preguntó Pulga saltando impaciente de un lado a otro.

—Pues... empezó a diluviar y el suelo se volvió resbaloso —explicó Caracol—. Y lo peor, ¡las ruedas se empezaron a deshacer!

—¡A quién se le ocurre hacer unas ruedas de barro! —gritó Hormiga indignada.

Caracol les narró cómo el trozo de madera parecía un esquí sin control. Las ruedas desaparecieron y nuestro amigo no tardó en salir rodando cuesta abajo por una colina. Su potente carapacho se quebró y quedó muy frágil. Al volver en sí, estaba muy adolorido y, sobre todo, afligido.

—Lo hubieran visto, mi hermoso carapacho ya no parecía una espiral sino un zigzag... —recordó Caracol con pesar.

—¡Qué portento! —exclamó Hormiga aterrada, poniendo una de sus patitas en la cabeza.

—¡Qué dolor! —gritó Pulga.

Caracol continuó contándoles que tardó varios días en recuperarse. Sus padres cuidaban de él, le aplicaban ungüentos y le cambiaban las vendas. Esa quietud obligada lo hizo reflexionar acerca de lo que había hecho y lo que días atrás había deseado. ¡Por poco se queda sin su carapacho! La única parte de su cuerpo que lo había protegido de tan aparatosa caída. Se dio cuenta de que, si su carapacho no hubiera estado en ese preciso lugar, tal vez las consecuencias habrían sido mucho peores.

Caracol terminó su relato y, mientras la tarde se desvanecía, se sentía convencido de que la naturaleza lo había dotado perfectamente, que su hermoso carapacho en espiral era lo más valioso que poseía. Es más, ya no se sentía una criatura lenta y torpe, sino que se aceptaba como un molusco maravilloso que se tomaba su tiempo para avanzar y recorrer el mundo, dejando un hilito de plata en su recorrido. No le hacía falta ningún carrito veloz, y ya no deseaba ser como otro animal.

Detective del lenguaje	Identifica tres sustantivos plurales en esta página.

Capítulo 3

Hormiga

El tercero de los animalitos inició su relato. Hormiga se estiró y comenzó a narrar:

—Como ustedes saben, las hormigas somos muy fuertes. Pero un día, ¡mi fuerza simplemente se fue!... Se preguntarán cómo pasó, pero para ser honesta, no sé cómo, solo sé por qué sucedió.

Les comentó que también habitaba aquella vereda y les señaló el hormiguero que se divisaba a una corta distancia. Les explicó que se encontraba tomando un baño de sol cuando Caracol y Pulga llegaron allí, a esa roca que se había convertido en un lugar especial para estar a solas y pensar. Continuó:

—Yo era muy laboriosa, quiero decir, ¡demasiado laboriosa! Trabajaba de sol a sol y gastaba toda mi energía en cargar todo cuanto se atravesara en mi camino.

—Oye, Hormiga, siempre he tenido una duda sobre ustedes —interrumpió Pulga.

—¿Cuál será? —dijo Hormiga.

—Ustedes cargan hojas todo el día, ¿verdad? —preguntó Pulga.

—Sí, es cierto, casi todo el día —respondió Hormiga.

—¿No se antojan de probar un bocadito de hoja aquí y allá? —dijo Pulga—. Quiero decir, tomar una merienda a mitad de camino, porque yo seguramente lo haría...

Hormiga no pudo responder inmediatamente porque la invadió un ataque de risa. En su lugar, habló Caracol:

—Ay, Pulga, qué cosas dices, ¡no todas las hormigas se alimentan de lo que recogen!

—¡Ah!, ¿no? ¿Entonces? —preguntó Pulga saltando.

—Llevamos las hojas al hormiguero —respondió Hormiga lanzando un hondo suspiro—, allí se forma un hongo del que nos alimentamos. ¿Comprendes?

Todos se echaron a reír y, después de unos segundos, Hormiga les reveló que después del trabajo se dedicaba solamente a ejercitarse en el gimnasio. Así que había perdido a sus amigas, había dejado de sonreír y había descuidado las relaciones con sus compañeras. Se repetía a sí misma: "No tengo tiempo para los demás".

El ejercicio se había vuelto un capricho: deseaba ser más y más fuerte, sin importar las consecuencias. De hecho, había olvidado que necesitaba a las demás y que contaba con otras cualidades que no aprovechaba. En numerosas ocasiones, se alejaba del grupo y tenía muchos problemas en retomar la fila porque ignoraba la información que le proporcionaban sus antenas y las señales de otras hormigas.

Un día, como de costumbre, se encontraba en el campo, transportaba trocitos de hojas y, de repente, un fuerte ventarrón hizo que la fila de hormigas se dispersara. Hormiga salió volando y perdió el rastro de sus compañeras. Quiso volver, pero, al intentar levantar de nuevo las hojas, notó que ya no tenía ni una pizca de su antigua fuerza. ¡Ni siquiera lograba levantar una hojita pequeñita y liviana.

Aterrada, se preguntaba por qué le había sucedido una cosa tan absurda y espantosa.

—Fue horrible. ¡Sin fuerza! —continuó Hormiga—. De repente, oí una voz que decía: “Tú lo sabes. Sabes por qué perdiste tu fuerza”. Quedé paralizada, y tímidamente pregunté quién me estaba hablando. La respuesta fue: “Soy tu voz interior, en ti está la respuesta para que tu fuerza regrese”.

Al principio, a Caracol y Pulga les pareció que todo esto era una locura, pero, mientras Hormiga continuaba, los inundó un sentimiento de solidaridad hacia ella. Hormiga les contó cómo su voz interior le había hecho caer en la cuenta de dos lecciones importantes.

Primero, como toda su vida le había dado un excesivo valor a la fuerza física, al perderla comprendió que disponía de otro talento que había dejado de lado: la capacidad de comunicarse con sus antenas.

Con las antenas podía oler, reconocer todo a su alrededor y, sobre todo, comunicarse con las otras hormigas. Eso la haría sentirse más cómoda y segura. Además, las antenas le proporcionarían lo que la fuerza no hacía: entablar una comunicación con su entorno, descubrir nuevas rutas y confiar en ella misma.

—¿Cuál fue la segunda lección que aprendiste? —preguntó Caracol.

—Que no es bueno aislarse de los demás —contestó Hormiga—. En ese momento de desesperación usé las antenas para avisarles a las otras hormigas que me había perdido y, sin fallar, estas acudieron a ayudarme a encontrar el camino de vuelta a casa.

—Por algo eres un insecto social —opinó Caracol muy seguro de sí.

—¡Ajá!, creo que aprendí la lección —dijo Hormiga alegremente—. ¡No es casualidad que esté aquí charlando con ustedes! Ah, se me olvidaba, recobré la fuerza a los pocos días y también a mis amigas.

Moraleja:

Es importante aceptarnos como somos, al igual que explorar nuestros talentos y sacar provecho de ellos.

Respuesta a la lectura

Resumir

Usa los detalles más importantes de *Grandes aventuras de criaturas diminutas* para resumir la fábula. Usa el organizador gráfico como ayuda.

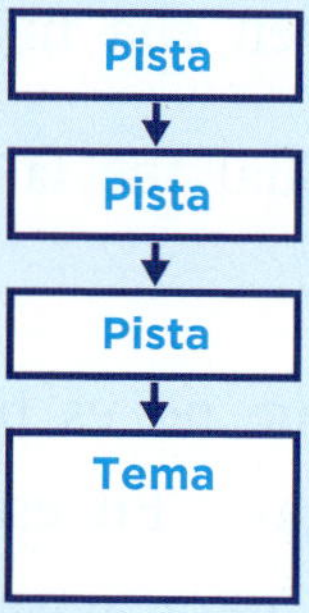

Evidencia en el texto

1. ¿Qué características te indican que *Grandes aventuras de criaturas diminutas* es una fábula? **GÉNERO**

2. ¿Qué lección aprendieron los tres personajes de *Grandes aventuras de criaturas diminutas*? **TEMA**

3. En la página 4 aparece la palabra *inquieta*, ¿qué antónimos tiene esa palabra? **ANTÓNIMOS**

4. Escoge uno de los personajes de la fábula y responde: ¿En qué se diferencia su actitud de la de los otros personajes? ¿En qué se parece? **ESCRIBIR SOBRE LA LECTURA**

Género **Misterio**

Compara los textos

Lee sobre un animal que resuelve un misterio.

El misterio de la oficina desordenada

Los gritos de la señora Mejorana se escucharon por todo el corral.

—¿Qué sucede? —preguntó Perro Detective que había estado soñando que perseguía gaviotas en la playa.

—La señora Mejorana está muy malhumorada —respondió la gata Tabita.

—Su oficina es un completo desorden —explicó el gallo Beto.

El caballo Pepe se asomó por la ventana. La señora Mejorana, con la cara colorada, caminaba de un lado a otro.

—¡Qué frustración! —gritó—, pasé horas organizando mi oficina, salí un momento y ¡miren lo que sucedió!

Había papeles por todos lados. Los libros estaban derribados, y los bolígrafos, lápices y reglas estaban por el suelo.

—Este es un caso para Perro Detective —dijo Pepe.

—Déjenmelo a mí —replicó Perro Detective.

—La señora Mejorana dice que salió hace media hora, una vez acabó de ordenar —continuó Perro Detective—, ¿qué han hecho todos ustedes en la última media hora?

—Estábamos nadando —respondieron los patos.

—¿Lo pueden probar? —preguntó Perro Detective.

—Es cierto —dijo el gallo Beto—, me salpicaron.

—Yo estaba galopando —respondió Pepe.

—Sí, casi me atropellas —dijo Julia, la corderita.

Perro Detective frunció el ceño y preguntó:

—¿Entonces todos tienen una coartada?

—Disculpa, Perro Detective —murmuró la coneja Lucía—, pero vi al sapo Lino saltar dentro de la casa.

—Excelente, hay un testigo ocular —dijo Perro Detective mientras observaba unas huellas de barro—. Ajá... Son huellas de sapo, ¿dónde está Lino?

—¿Qué es toda esta conmoción? —exclamó Lino.

Illustrations: Cherle Zamazing

—Alguien desordenó la oficina de la señora Mejorana —dijo Lucía.

—¿De verdad? —replicó Lino.

—Sí, y hay evidencia de que tú entraste en la casa hace poco —dijo Perro Detective.

—Claro que lo hice —admitió Lino—, fui a la cocina para beber algo. ¿Me puedo ir?

—No tan rápido —gruñó Perro Detective—. Señora Mejorana, ya sé quién desordenó su oficina.

Diez minutos más tarde, Lino estaba ordenando la oficina de mal humor.

—¿Cómo supo quién lo hizo, Perro Detective? —preguntó la señora Mejorana.

—Elemental —respondió Perro Detective—, Lino dijo que saltó a la cocina para beber algo, pero, ¡los sapos no beben! Ellos absorben el agua a través de la piel. Por consiguiente, fue así como supe que era el culpable.

Haz conexiones

¿De qué manera Perro Detective ayuda a la señora Mejorana? **PREGUNTA ESENCIAL**

¿Cómo ayudan a otros personajes los animales en *Grandes aventuras de criaturas diminutas* y *El misterio de la oficina desordenada*? **EL TEXTO Y OTROS TEXTOS**

Enfoque: Género

Fábulas Las fábulas son relatos cuyos personajes son, por lo general, animales que hablan y actúan como seres humanos. Son protagonistas de situaciones donde expresan sentimientos propios de las personas. Las fábulas tienen como finalidad enseñar una moraleja, o lección.

Lee y descubre *Grandes aventuras de criaturas diminutas* es un relato cuyos sucesos no pueden pasar en la vida real. Los personajes son tres animales que hablan y se comportan como personas. Además realizan acciones imposibles para un animal, por ejemplo, Hormiga va al gimnasio y Pulga sueña con un par de alas. También tienen sentimientos y emociones, como la tristeza, la ira y la alegría.

Tu turno

Vuelve a leer la página 9. Identifica las características de Caracol que son propias de los seres humanos. Compáralas con las de los caracoles verdaderos. Escribe un relato de tres párrafos en el que el protagonista sea un animal con características humanas. Añade una moraleja a tu narración.